BEI GRIN MACHT SICH IHR WISSEN BEZAHLT

Guido Kattwinkel

Personalentwicklung in der Praxis: Das Assessment Center

GRIN Verlag

Bibliografische Information der Deutschen Nationalbibliothek:

Die Deutsche Bibliothek verzeichnet diese Publikation in der Deutschen National-
bibliografie; detaillierte bibliografische Daten sind im Internet über http://dnb.d-
nb.de/ abrufbar.

Impressum:

Copyright © 2005 GRIN Verlag GmbH
Druck und Bindung: Books on Demand GmbH, Norderstedt Germany
ISBN: 978-3-656-58090-4

Dieses Buch bei GRIN:

http://www.grin.com/de/e-book/62037/personalentwicklung-in-der-praxis-das-
assessment-center

Westfälische Wilhelms-Universität Münster

Fachbereich: Erziehungswissenschaften

Ausarbeitung zum Seminar:

Personalentwicklung

Thema:

Personalentwicklung in der Praxis: Das Assessment Center

Im Sommersemester 2005

vorgelegt von

Guido Kattwinkel

Inhalt

1. Einleitung

Der Erfolg eines Unternehmens hängt heute in hohem Maße von der richtigen Auswahl und Platzierung der Mitarbeiter ab. Fehlentscheidungen können große Auswirkungen haben. Auf Unternehmensseite können ungeeignete Mitarbeiter hohe Kosten nach sich ziehen. Aber auch die Mitarbeiter leiden unter derartigen Fehlentscheidungen. Sie haben ihr altes Dienstverhältnis gekündigt, einen Wohnortwechsel vollzogen, ihr soziales Umfeld verändert. Bei Überforderung entsteht Burnout, bei Unterforderung Unzufriedenheit.

Es gilt also mit Hilfe verschiedener Verfahren die Eignung von Mitarbeitern für das Unternehmen sicherzustellen. Ein Instrument hierfür ist das Assessment Center, das im Folgenden näher beschrieben wird.

Der Schwerpunkt der Arbeit liegt auf der Darstellung der Vorbereitung eines Assessment Centers, da insbesondere eine sorgfältige Anfertigung einer Anforderungsanalyse für die Qualität der Befunde eine wichtige Rolle spielt.

2. Zum Begriff - Was ist ein Assessment Center?

Beim Assessment Center handelt es sich um ein personaldiagnostisches Auswahlinstrument, das durch die Simulation von Arbeitsprozessen, die dem beruflichen Alltag der Zielposition entnommen sind, die Eignung der Teilnehmer feststellt. Meist werden dabei 6-12 Bewerber über die Dauer von 1-3 Tagen von verschiedenen Beobachtern beobachtet. Im Unterschied zu anderen eignungsdiagnostischen Verfahren, wie etwa dem biographischen Fragebogen oder dem multimodalen Interview können hier realitätsnah tatsächliche Verhaltensweisen in verschiedenen Situationen des Arbeitsalltags unmittelbar beobachtet werden.

„Das Assessment-Center-Verfahren ist ein systematisches und flexibles Verfahren zur Kontrollierten und qualifizierten Feststellung von Verhaltensleistungen und -defiziten, das von mehreren Beobachtern gleichzeitig für mehrere Teilnehmer in Bezug auf vorher festgelegte Übungen und bestimmte Anforderungen vornehmlich zur Mitarbeiterauswahl und -weiterentwicklung von vielen Personalentwicklungsabteilungen in Großunternehmen mit Erfolg und steigender Tendenz eingesetzt wird."[1]

Wichtig ist der „Multi'-Gedanke: Es werden simultan mehrere Teilnehmer von mehreren Beobachtern in mehreren Verfahren hinsichtlich mehrerer definierter Anforderungen beurteilt."[2]

2.1. Geschichtliche Entwicklung - Ursprünge des Assessment Centers

Die Ursprünge des Assessment Centers reichen zurück in die Zeit des ersten Weltkriegs. In Deutschland wurden zur Auswahl von Kraftfahrern, Funkern und Piloten psychologische Testverfahren entwickelt und für die Reichswehr ausgewertet. Diese Verfahren - als besonders wichtig galt die führerlose Gruppendiskussion - wurden 1927 zur Auswahl von Offizieren verpflichtend vorgeschrieben. Zu Beginn der NS-Zeit wurde dieses Auswahlverfahren jedoch aufgegeben. Offiziere wurden nicht mehr nach objektiven Kriterien ausgewählt, sondern nach den deutschen Rassenbild und der politischen Einstellung.

---

[1] Fennekels 1987, S.10.
[2] Schuler 2001, S. 150 f.

Über England gelangte das Verfahren 1942/43 in die USA, um geeignete Bewerber für den Geheimdienst zu testen. Der Psychologe Murray, führend an der Konzeptualisierung, prägte auch den Terminus ‚Assessment Center'. Dieses wurde 1943 auch von der amerikanischen Armee übernommen.

In den 50er Jahren setzten amerikanische Großkonzerne das Instrument zur Auswahl von Nachwuchs-Führungskräften ein. So legte 1956 die American Telephone & Telegraph Company (AT&T) die erste AC-Langzeitstudie an, die eine hohe Übereinstimmung zwischen den Prognosen, die im Assessment Center formuliert wurden und den Berufskarrieren, die die Kandidaten gemacht hatten, belegte.

Seit den 70er Jahren findet das Assessment Center zunehmend in europäischen, auch deutschen, Unternehmen Anwendung als Instrument der Personalauswahl und -entwicklung.[3]

2.2. Anwendungsbereiche

Das Assessment Center findet in erster Linie bei der (internen oder externen) Personalauswahl seine Anwendung. Mehrere geeignete Kandidaten werden mit Blick auf eine (oder zwei) freie Stellen in ihren Eigenschaften beurteilt. Den am meisten geeigneten Kandidaten wird ein Stellenangebot unterbreitet.

Aber auch bei der Personalplatzierung sowie bei der Personalentwicklung wird es eingesetzt. Im Kontext der Personalplatzierung erfolgt im Anschluss eine Selektion passender Arbeitsplätze. Im Rahmen der Personalenwicklung können die Beobachter aus dem konkreten Verhalten der Mitarbeiter konkrete Verbesserungsvorschläge ableiten, die in einem späteren Verhaltenstraining modifiziert werden können.[4]

Ferner kann das Assessment Center auch für die Potentialanalyse eingesetzt werden. Die zentrale Frage lautet hier: Bringt der Bewerber hinreichendes Potential für eine spätere Führungsposition mit? Die auf diese Fragestellung hin ausgerichteten Aufgaben können die Bewerber zwar noch nicht ideal lösen, jedoch kann festgestellt werden, welcher Kandidat am vielversprechendsten ist.[5]

---

[3] vgl. Fisseni/Fennekels 1995, S. 6f.
[4] vgl. Kanning 2004, S.436.
[5] vgl. ebd.

3. Phasen des Assessment Centers

3.1. Vorbereitungsphase

Die Vorbereitungsphase kann in zwei Tätigkeitsbereiche gegliedert werden. Zum einen müssen administrative Aufgaben getätigt werden. So gehören zu den administrativen Tätigkeiten die Information der Teilnehmer, die Auswahl eines geeigneten Seminarortes und die Erstellung eines Zeit- und Ablaufplanes für alle Beteiligten.

Weitaus wichtiger und entscheidender sind allerdings die inhaltlichen Aufgaben. Kernpunkt der inhaltlichen Vorbereitung ist die sorgfältige Erstellung eines Anforderungsprofils durch eine Anforderungsanalyse.[6]

3.1.1. Die Anforderungsanalyse

Ziel der Anforderungsanalyse ist es, die notwendigen bzw. erwünschten Merkmale zu definieren, die ein erfolgreicher Arbeitsplatzinhaber aufweisen sollte und wie weit die Anforderungsdimensionen jeweils ausgeprägt sein sollen. Aus der Analyse entsteht so ein Anforderungsprofil.

Es gibt drei Vorgehensweisen der Anforderungsanalyse: die intuitive Methode, die arbeitsplatzanalytische Methode und die personenanalytische Methode.[7]

Bei der intuitiven Methode werden die Anforderungen nach Augenschein bzw. Plausibilitätsbetrachtung bestimmt. Die Qualität der Analyse hängt hier stark von der Kompetenz der Analysten ab. Geraten wird, dass nicht nur Mitarbeiter der Personalabteilung befragt werden, sondern ebenso Fachexperten wie beispielsweise ehemalige Stelleninhaber. Die Ergebnisse der Befragungen werden in ein vorläufiges Anforderungsprofil integriert und der Entwurf zur Diskussion gestellt. Der Vorteil der intuitiven Methode liegt in seinem geringen Aufwand, welcher auch geringe Kosten nach sich zieht. Weiterhin besitzen die Ergebnisse eine hohe Plausibilität, da sie meist aus Alltagsbeobachtungen abgeleitet sind.

---

[6] vgl. Becker 2002, S. 279f.
[7] im Folgenden vgl. Kanning 2004, S. 226 - 239.

Der Nachteil besteht in einer mangelnden Systematik des Vorgehens. So kommen die Anforderungen nur vor, wenn sie den Experten auch bewusst sind. Weiterer Nachteil ist die starke Personenbindung dieses Vorgehens. Fehlen Fachexperten - beispielsweise wenn es sich um einen neuen Arbeitsplatz oder ein neues Aufgabenfeld handelt - wird eine Einschätzung schwierig. Ferner können die Experten nachlässig arbeiten.

Die arbeitsplatzanalytische Methode analysiert den Arbeitsplatz bzw. die Handlungen des Mitarbeiters, die in diesem Aufgabenfeld anfallen. So wird der Arbeitsplatz zunächst systematisch beschrieben. Im Zentrum steht die Befragung von Arbeitsplatzinhabern bzw. die Beobachtung der Mitarbeiter bei der Arbeit. Es wird versucht, den Arbeitsplatz in seine grundlegenden Bestandteile zu zerlegen, um anschließend auf die relevanten Fähigkeiten und Fertigkeiten schließen zu können. Ein Fragebogen zur Arbeitsplatzanalyse ist hier ein hilfreiches standardisiertes Mittel.

Der Vorteil der standardisierten Instrumente gegenüber der intuitiven Methode liegt in der starken Systematisierung des Vorgehens. Der Arbeitsplatz wird nach zahlreichen Kriterien untersucht. Im Gegensatz zur intuitiven Methode werden wichtige, aber nicht offensichtliche Aspekte nicht übersehen.

Der Nachteil dieser Methode liegt in der begrenzten Bandbreite. Verfahren für Managementtätigkeiten, Dienstleistungen etc. gibt es nicht. Außerdem kommen eine Menge an Informationen über einen Arbeitsplatz zusammen, die es zu reduzieren gilt. So kann man Tätigkeiten wie: „Der Mitarbeiter muss x mal auf den Bildschirm schauen" als übergeordnete Anforderungen („Wahrnehmungsfähigkeit") zusammenfassen.

Im Zentrum der personenanalytischen Methode steht der Arbeitsplatzinhaber mit seinen biographischen Merkmalen, seinen Fähigkeiten und Fertigkeiten. Die Leitfrage lautet hier: „Welche Merkmale eines Mitarbeiters führen zu besonders guten Leistungen am Arbeitsplatz?" Es lassen sich zwei Wege der Datensammlung und Ableitung in Anforderungen unterscheiden.

Der erste Weg fragt, inwieweit sich gute Mitarbeiter von weniger guten unterscheiden. Dabei gilt es, unterschiedlichste Merkmale von Mitarbeitern eines Arbeitsplatzes zu erheben. Dies können sein: biographische Informationen (Alter,

Schulbildung, Ausbildungsstand), Leistungsmaße (z.B. Intelligenz), Persönlichkeitsmerkmale und weitere Merkmale. Ferner wird die Leistungsfähigkeit der Mitarbeiter am Arbeitsplatz durch Vorgesetztenbeurteilung, Produktionsrate oder der Geschwindigkeit der Karriere eingeschätzt. Die gesammelten Daten werden am Computer ausgewertet, so dass ein Anforderungsprofil entsteht.

Der zweite Weg der Datensammlung geht über die Methode der kritischen Ereignisse. Hier werden kritische Ereignisse des Arbeitsalltags (dies können häufig vorkommende oder besonders wichtige Ereignisse sein) durch Interviews mit Arbeitsplatzinhabern gesammelt. Diese sollen ebenfalls beschreiben, wie sich ein guter bzw. schlechter Mitarbeiter in jeder Situation verhält. Von diesen konkreten Verhaltensweisen wird anschließend auf zugrunde liegende Fähigkeiten geschlossen, die in das Anforderungsprofil einfließen.

Der Vorteil der personenanalytischen Methode liegt in der sehr guten empirischen Fundierung der Schlussfolgerungen, die sich von einzelnen Meinungen unabhängig macht. Nachteilig ist sicherlich der hohe Aufwand und die benötigten mathematischen und methodischen Kompetenzen.

Fisseni und Fennekels weisen darauf hin, dass die Anforderungsanalyse drei Voraussetzungen erfüllen muss: Anforderungsnähe, Verhaltensnähe und Verfahrensnähe.[8]

Die Aufgaben in einem Assessment Center sollen anforderungsnah abgebildet werden. Daher muss das Ziel selber genau umrissen sein. „Gehört zu einer Zielposition beispielsweise ‚Entscheidungsfähigkeit', so muß angegeben werden, auf welche Aktionen sich diese ‚Fähigkeit' bezieht: Sachprobleme lösen, Personalfragen entscheiden, Aufgabendelegation festlegen usw."[9]

Anforderungen müssen auch verhaltensnah formuliert sein. Die Beobachter müssen konkretes Verhalten beobachten können, das sie den Anforderungsdimensionen zuordnen. So muss die Anforderungsdimension „Soziale Kompetenz" beispielsweise genauer definieren, wie sich diese Kompetenz beobachtbar äußert. „Hört zu/unterbricht nicht", „Kann andere zu Lösungsvorschlägen motivieren" und „Zeigt Kompromissbereitschaft" wären

---

[8] vgl. Fisseni/Fennekels 1995, S. 36f.
[9] ebd. S. 36.

konkrete Beispiele, die auch auf einem guten Beobachterbogen mit verhaltensverankerten Skalen zu finden sein sollten.

Die Beobachter eines Assessment Center müssen auch wissen, welche Verhaltensweisen in welchen Übungen beobachtet werden sollen. So muss eine eindeutige Beziehung zwischen der Übung und der Anforderung, die sie misst, hergestellt werden. Dies ist mit Verfahrensnähe gemeint. „Der Beobachter muß wissen, welche *Verhaltensweise* in welcher *Übung* präsentiert wird."[10]

Abbildung 1 zeigt ein fiktives Anforderungsprofil, wie es in der Seminarsitzung zur Verdeutlichung vorgestellt wurde. Die Anforderungen sind hier als Anforderungsdimensionen (linke Spalte) zusammengefasst. Auf den entsprechenden Beobachterbögen wären die Dimensionen verhaltens- und beobachungsnah beschrieben.

Anforderungs-dimensionen	Anforderungsgrad				
	minimal	Kaum	etwas	ziemlich	stark
Soziale Kompetenz				x	
Leistungs- & Führunasverhalten					x
Ausdruck & Argumentation				x	
Auftreten/ Belastbarkeit		x			

Abb. 1: Ein fiktives Beispiel für ein Anforderungsprofil für die Stelle eines Bundeskanzlers/ Bundeskanzlerin, wie es im Seminar als Beispiel diente. (eigene Darstellung)

3.1.2. Anforderungs-Verfahrens-Matrix

Anforderungsdimensionen werden in unterschiedlichen Übungen unterschiedlich genau gemessen. Während man bei einer Textpräsentation die Dimension „Ausdruck und Argumentation" sehr gut beobachten kann, wird es bei der Dimension „Soziale Kompetenz" hier schwierig. Man muss sich überlegen, mit

---

[10] Fisseni/Fennekels 1995, S. 37.

welcher Übung man welche Dimension erfassen möchte. So entsteht in der Kombination eine Anforderungs-Verfahrens-Matrix (siehe Abbildung 2).

In unserem Beispiel wurden vier Merkmalsdimensionen ermittelt. Die Ausprägungen der Dimensionen bei den Kandidaten werden nun mit Hilfe von vier Übungen beobachtet. Die Auswahl der Übungen orientiert sich an den Dimensionen und nicht etwa umgekehrt. So ist ein Assessment Center auch immer unternehmens- und stellenspezifisch, da es individuelle Arbeitsabläufe der Zielposition simulieren soll. Dennoch gibt es bestimmte Übungen, die in vielen Assessment Centern zu Klassikern geworden sind. Hierzu zählen vor allem die (Text-) Präsentation, die Rollenspiel- und Gruppenübung und die Postkorbübung. Auch sie sollten individuell ausgewählt und auf die Stelle bezogen werden. Diese inhaltliche Ausgestaltung fällt ebenfalls in die Vorbereitungsphase.

Jede Dimension sollte in mehr als einer Übung untersucht werden. So kann die Dimension „Soziale Kompetenz" in den Übungen „Gruppendiskussion" und „Brückenbau", die Dimension „Ausdruck und Argumentation" in den Übungen „Gruppendiskussion" und „Textpräsentation" gemessen werden. „Durch mehrfache, voneinander unabhängige Beobachtungen sollen die Eigenschaften der Person von den Einflüssen der Umgebung getrennt werden. Würde man die Rhetorik eines Kandidaten ausschließlich in der Selbstvorstellung untersuchen, so wäre das Ergebnis der Analyse mit Art und Inhalt der Übung konfundiert."[11] So mag ein gutes Abschneiden in manchen Übungen am Thema liegen. Dies hat dann aber nur wenig mit der zu messenden Dimension zu tun. „Ein einigermaßen abgesichertes Bild erhält man erst dann, wenn das Verhalten in mehreren verschiedenen Situationen beobachtet wurde."[12] Dennoch sollte man auf der anderen Seite vermeiden, möglichst viele Dimensionen in einer Übung zu untersuchen, weil dies die Beobachter überfordern würde und Messfehler so kaum vermeidbar wären.

---

[11] Kanning 2004, S.444.
[12] ebd.

Verfahren	Gruppen-diskussion	Postkorb	Text-präsen-tation	Brücken-bau
Soziale Kompetenz	X			X
Leistungs- & Führungsverhalten	X	X		X
Ausdruck & Argumentation	X		X	
Auftreten/ Belastbarkeit			X	X

Abb. 2: Ein Beispiel einer Anforderungs-Verfahrens-Matrix (eigene Darstellung)

3.2. Durchführungsphase

Ein Assessment Center dauert, abhängig von der Anzahl der Teilnehmer und Übungen, in der Regel ein bis drei Tage.

3.2.1. Personen

Manfred Becker benennt vier an einem Assessment Center beteiligte Personengruppen: Die Probanden (Bewerber, Nachwuchsführungskräfte, Führungskräfte), Beobachter (Führungskräfte, Personalfachkräfte, externe Berater), den Moderator und das AC-Team (Personalentwicklungsmitarbeiter, Sekretariat, Assistenten des Moderators).[13] Von größter Bedeutung sind die Beobachter.

Jeder Beobachter beobachtet in einer Übung einen bis zwei Teilnehmer und beurteilt sein Verhalten anhand der Beobachterbögen. In einer gemeinsamen Abschlusskonferenz fällen alle Beobachter ein abschließendes Urteil in Form eines Gesamtergebnisses oder einer Potentialbeurteilung für jeden Teilnehmer.

Da den Beobachtern naturgemäß eine große Bedeutung zufällt, ist es unerlässlich, mögliche Beobachterfehler zu minimieren. Dies geschieht durch ein vorheriges Beobachtertraining. Die wichtigsten Ziele eines solchen Trainings sind:

---

[13] vgl. Becker 2002, S. 281.

11

- „Sensibilisierung der Beobachter für mögliche Fehlerquellen bei der Beobachtung und Beurteilung;

- Auseinandersetzung mit den Beurteilungsdimensionen und möglichen Verhaltensoperationalisierungen, die den jeweiligen Dimensionen zugeordnet werden können;

- Beschäftigung mit den einzelnen AC-Verfahren, ggf. können diese auch durchgespielt werden;

- Anleitung zur Trennung zwischen Verhaltensbeschreibung und -beurteilung ;

- Sicherstellung eines einheitlichen Vorgehens bei der Datenerhebung (Protokollierung, Notenvergabe usw.)"[14]

Ferner lernen die Beobachter an Beispielen, die per Video eingespielt werden, welches Verhalten wie zu beurteilen ist. So können Zuordnungsprobleme einzelner Verhaltensweisen schon im Vorfeld minimiert werden.

Eine weitere Methode, um personengebundene Fehler bei der Beobachtung zu vermeiden, ist die Beobachterrotation. Ein Beobachter wechselt von Übung zu Übung den zu beobachtenden Teilnehmer.

3.2.2. Übungen des AC

Grundsätzlich ist eine Kombination unterschiedlicher Methoden möglich. Im Zentrum steht die Methode der Verhaltensbeobachtung. Daneben können auch Befragungsmethoden (Interview, Fragebogen) und Testverfahren (Intelligenztest, Computersimulation, Postkorb) zur Anwendung kommen.[15]

Die Übungen der Verhaltensbeobachtung lassen sich grundsätzlich in Einzel- und Gruppenübungen unterteilen.[16]

Zu den Einzelübungen zählen Selbstvorstellung, Stegreifrede und (Text-) Präsentation. Gruppendiskussion, Rollenspiel und Konstruktionsübungen werden den Gruppenübungen zugeordnet.[17]

---

[14] Schuler 2001, S. 158.
[15] vgl. Kanning 2004, S.450f.
[16] vgl. Becker 2002, S. 281.
[17] vgl. auch Kanning 2004, S.451. und Becker 2002, S. 281.

In jedem Falle müssen die Teilnehmer unter den Augen der Beobachter unterschiedliche Aufgaben bearbeiten. Ihr sichtbares Verhalten wird von den Beobachtern anhand der Beobachterbögen festgehalten. Eine bekannte Übung ist die Gruppendiskussion. Mehrere Teilnehmer diskutieren über ein vorgegebenes Thema, das dem zukünftigen Arbeitsfeld entnommen ist. Die Teilnehmer können frei diskutieren oder - in einer Variation - zugewiesene Rollen erhalten.[18] Kennzeichnend ist, dass die Teilnehmer in einer bestimmten Zeit zu einer Lösung gezwungen sind. Typische Dimensionen, die man hier messen kann sind „Soziale Kompetenz" und Leistungs- und Führungsverhalten".

3.3. Auswertungsphase

„Zur Auswertungsphase gehören: Beurteilungsprozeß, Gutachtenerstellung, Beobachterkonferenz und das Feedback-Gespräch."[19]

Da die Datenaufnahme vorurteilsfrei und objektiv geschehen muss, ist ein wichtiger Grundsatz des Assessment Centers die zeitliche Trennung von Beobachtung und Beurteilung. Die Werte aus den einzelnen Übungen werden am Ende zusammengefasst und in der Beobachterkonferenz diskutiert, ein Gutachten wird für jeden Teilnehmer erstellt. „Die Gutachten geben Auskunft über Rangplatz, Stärken und Schwächen sowie erforderliche Entwicklungsmaßnahmen."[20] Den Abschluss bildet ein Feedback-Gespräch, in dem dem Kandidaten seine Ergebnisse mitgeteilt werden.

---

[18] vgl. Kanning 2004, S.452ff.
[19] Becker 2002, S. 282.
[20] ebd.

4. Fazit

Das Assessment Center ist ein diagnostisches Instrument zur Personalauswahl und -entwicklung. Kennzeichnend ist seine hohe Komplexität, die mit hohen Kosten, hohem Aufwand, aber auch einem guten Ergebnis einhergeht. Becker bezeichnet es als das „Auswahlinstrument mit der größten Aussagekraft"[21], das auch eine hohe Akzeptanz bei den Bewerbern hat. Seine Grenzen sind in den hohen Anforderungen an die Beobachter und Personalentwickler und dem hohen Aufwand in der Entwicklung und Durchführung zu suchen. Nicht geschulte Beobachter können in der Beurteilung eine große Gefahr darstellen.

Dennoch ist das Assessment Center ein „bewährtes Analyseinstrument mit hoher prognostischer Validität bei professioneller und anforderungsbezogener Anwendung."[22]

---

[21] Becker 2002, S. 289.
[22] ebd.

5. Literatur

Becker, Manfred: Personalentwicklung, Bildung, Förderung und Organisationsentwicklung in Theorie und Praxis, Stuttgart 2002.

Fennekels, Georg P.: Validität des Assessment-Centers bei Führungskräfteauswahl und -entwicklung. Phil. Diss., Bonn 1987.

Fisseni, Hermann-Josef/Fennekels, Georg P.: Das Assessment Center. Eine Einführung für Praktiker. Göttingen 1995.

Kanning, Uwe, P.: Standards der Personaldiagnostik, Göttingen 2004.

Schuler, Heinz (Hrsg): Lehrbuch der Personalpsychologie, Göttingen 2001.